Lk 1715

NOTICE HISTORIQUE

SUR

L'ABBAYE DE CHAALIS

PAR

ALFRED DE LONGPÉRIER-GRIMOARD

MEMBRE DE LA SOCIÉTÉ LIBRE DES BEAUX-ARTS
ET CORRESPONDANT DE LA SOCIÉTÉ IMPÉRIALE DES ANTIQUAIRES DE FRANCE.

SENLIS
IMPRIMERIE DE CH. DURIEZ

1857

L'ABBAYE DE CHAALIS

> Plus loin une abbaye antique, abandonnée,
> Tout à coup s'offre aux yeux, de bois environnée.
> (DELILLE, LES JARDINS.)

Au milieu des grands bois qui ombragent le délicieux pays dont Ermenonville et Mortefontaine ne sont que les ports connus, mais où l'on découvre à chaque instant de nouveaux et pittoresques tableaux, à quelques pas de la route de Senlis à Meaux, s'élève une masse imposante de bâtiments de styles aussi différents que les époques qu'ils ont traversées. A gauche est la manse abbatiale de Châlis, formant aujourd'hui un magnifique château moderne ; à droite, en face, les ruines du cloître et de l'ancienne église de l'abbaye, qui semblent placées là pour servir de point de vue en offrant aux regards leur intéressante et mélancolique beauté ; le fond du paysage est occupé par un petit édifice gothique nommé la chapelle du prieuré et de nombreux arbres verts, nouvellement plantés.

Comme presque tous les monastères, Châlis dut son existence et sa splendeur à de pieuses libéralités. A son retour de la Terre-Sainte, Renaud de Mello, un des chevaliers qui avaient pris part à la première croisade, voulant perpétuer les souvenirs de gratitude dont son cœur était rempli envers Dieu pour avoir permis qu'il revît sa patrie, après toutes les vicissitudes de la guerre et celles d'un aussi long voyage que celui d'outre-mer, fonda un prieuré à Châlis en le plaçant sous le vocable de la Sainte-Vierge. A cette époque Châlis (Kaeliès, Caëlith, Chahalit, Chaelid, Chailly, Chaalis) dépendait de Lagny-le-Sec et appartenait aux comtes de Dammartin, conjointement avec les seigneurs de Mello, descendant, par les femmes, de Charlemagne. S'il faut en croire la chronique manuscrite de Senlis, Lagny-le-Sec (*Latiniacum, Lagniacum*), d'abord chef-lieu d'un domaine considérable, fut cédé par le duc Bobon et Tacilon, comte du Palais, au roi Dagobert qui, en allant à Compiègne, s'arrêtait assez souvent à une lieue de Lagny, à Ver, où il avait un palais (*palacium Vernum*). Devenu propriété royale, Lagny-le-Sec et ses dépendances firent bientôt partie de la donation dont le bon roi Dagobert gratifia l'abbaye de Saint-Denis ; toutefois la reine Nantilde en conserva l'entière jouissance jusqu'à sa mort, arrivée en 670. A partir de ce moment, Ebroin, Gillemer et Varathon, maires du palais, profitèrent de leur autorité illimitée pour s'emparer de toutes les terres composant le domaine de Lagny. Ce fut donc seulement après la mort de Varathon, en 690, que le roi Thierry, en exécution des dernières volontés du roi son aïeul et à la sollicitation des évêques et des grands du royaume, rendit à l'abbaye de Saint-Denis cette riche portion de son apanage, à l'exception de la terre de Silly que reçut Godin, évêque de Soissons. Plus tard, les moines de Saint-Denis vendirent ou échangèrent le domaine de Lagny aux comtes de Dammartin ; mais, comme le remarque très justement Dom Félibien, à Lagny-le-Sec on se servit toujours de la mesure dite de Saint-Denis : nous devons ajouter que cette coutume dura jusqu'à l'époque de la révolution française. Du reste, ainsi que nous le dit le savant éditeur du *Polyptique* de l'abbé Irminon, Lagny-le-Sec, de l'accord de tous les érudits, est bien le *Latiniacum* du *pagus meldicus* dont parle l'auteur des gestes de Dagobert. Mais cette digression sur le pays nous a trop longtemps tenu éloigné de notre monastère ; hâtons-nous d'y revenir.

Lors de la fondation de Châlis, Renaud de Mello soumit son nouveau prieuré à celui de la Madeleine de Mello, également établi par lui quelque temps avant, en 1123, les plaçant tous deux sous la juridiction de l'abbé de Vézelay, près duquel ce pieux seigneur alla finir ses jours, après avoir revêtu l'habit de religieux.

Placé dans le voisinage du palais de Ver, où le Roi Louis-le-Gros venait souvent prendre le plaisir de la chasse, Châlis fixa tout naturellement l'attention de ce prince lorsqu'il voulut fonder une abbaye pour honorer la mémoire de Charles-le-Bon, comte de Flandre, qui venait d'être lâchement assassiné dans l'église de Saint-Donat de Bruges par les affidés du bâtard Guillaume d'Ypres. « Ces meschants le massacrèrent au pied de l'autel, de dix ou douze coups d'espée, dont un luy coupa le bras droit qu'il avait estendu pour donner l'aumosne à un pauvre (1). » Châlis, de simple prieuré, devint donc abbaye le 9 janvier 1136 et fut dès lors désigné, dans les actes, sous le nom de *Caroli locus*. Avant on écrivait *Calisium* et *Cadolaïcum*, vieux mot venant du celtique et indiquant un lieu marécageux.

Suivant une tradition du monastère, *Chaalis* serait dérivé de deux noms propres *Charles* et *Alis* ; toutefois, nous ne saurions voir dans cette étymologie qu'une de ces explications ingénieuses, mais sans au-

---

(1) Mézeray, T. III, page 27.

torité, comme en ont souvent proposé les auteurs du moyen-âge, car, s'il est constant qu'à partir de la fondation de l'abbaye on ait adopté les mots *Carolilocus* pour désigner Châlis, ce lieu, bien antérieurement, était connu sous des noms qui se traduisaient par *Cadolaïcus*, comme on le voit dans une charte de 710 du roi Childebert, où il est fait aussi mention de Châlis. La charte du doyen de Sainte-Geneviève et la lettre de l'abbé de Vézelay ne peuvent laisser aucun doute à cet égard. Après tout, et comme preuve venant à l'appui du remarquable rapport présenté à l'académie royale de Belgique par un de ses membres les plus distingués, M. Polain (1), sur la question mise au concours : *Charlemagne est-il né dans la province de Liège ?* rapport qui conduit à penser que ce grand empereur est né en France, sur le territoire nommé plus tard l'Ile-de-France, peut-être même au palais de Ver..., ne pourrait-on pas trouver enfin une origine véritable à l'opinion populaire qui lui attribue la construction de la chapelle dite du prieuré à Châlis (2), aussi bien qu'aux noms de *Caroli pons* (Carlepont) et de *Caroli locus*, en songeant que ces deux pays sont au moins très voisins du lieu où naquit Charlemagne, si l'on n'admet pas qu'ils aient pu devoir leur nom, l'un, celui qui nous occupe à l'honneur d'avoir vu naître l'illustre chef de la dynastie Carlovingienne et l'autre à une épisode de son existence.

Aussitôt sa détermination prise, le roi Louis-le-Gros fit écrire à l'abbé de Vézelay (Albéric) pour l'engager à céder le petit prieuré de Châlis à Guichard, abbé de Pontigny, ce qui lui fut promptement accordé ; car Dom Antoine, prieur de Mello, reçut notification, dès 1136, de la cession du prieuré de *Kaeliez* à l'abbaye de Pontigny, moyennant dix sols de cens qu'il aurait à recevoir par chaque an, à titre de dédommagement, Châlis relevant de son prieuré. Peu de temps après l'accomplissement de ces formalités, l'abbé de Pontigny, de l'ordre de Citeaux, envoya douze de ses religieux à Châlis, sous la conduite d'André de Beaudement, qui en fut le premier abbé.

En cette même année 1136, Étienne, doyen de Sainte-Geneviève de Paris, leur accorda le droit de prendre et de choisir, au milieu de la forêt, les bois qui leur seraient nécessaires pour bâtir un monastère dans le lieu vulgairement appelé *Chaelid*, où bientôt l'on put voir, en effet, un vaste et bel édifice élevé comme par enchantement. Dom Chrétien, l'ancien titulaire du prieuré, édifié par l'austère exis-

---

(1) Bruxelles, 1856, in 8°.
(2) M. le président Vatin repousse cette croyance avec raison, en s'appuyant sur le style architectural de la chapelle actuelle de Châlis, que nous rattacherions même plutôt au commencement du XIIIe siècle qu'au XIe, ainsi que le dit l'honorable président (Senlis et Chantilly, page 178). Mais, ici, nous nous occupons principalement du fait qui établit un rapprochement entre Châlis et Charlemagne et vient ajouter une légende traditionnelle à notre proposition, ne voyant d'ailleurs rien d'étonnant à ce qu'une première église ait été élevée par cet empereur sur l'emplacement de celle qui existe aujourd'hui, laquelle, par ce motif sans doute, sera toujours restée aux yeux des populations *la chapelle de Charlemagne*.

tence de ces nouveaux frères, consentit à rester à Châlis avec le titre de prieur claustral. Ce fut alors que, voulant achever son œuvre en dotant la nouvelle abbaye, Louis-le-Gros lui fit don des terres de Fay, Comelle et Vaux-Laurent. Jusqu'à ce moment, les pauvres religieux du prieuré de Châlis avaient à peine le revenu nécessaire pour subsister, même en travaillant de leurs mains. Du reste cet exemple du roi fut bientôt suivi par plusieurs seigneurs de la contrée. En 1137, Guillaume le Loup, de la maison des Bouteillier de Senlis, qui lui-même se donnait ce surnom (Willelmus Lupus Silvanectensis), remit aux moines de Châlis les redevances qu'ils payaient pour le terrain sur lequel était bâtie leur maison ; ce que fit également Manassès de Bulles, comte de Dammartin, qui se qualifiait aussi de seigneur de Châlis.

L'année suivante, le roi Louis VII confirma la donation faite par son père de la terre de Fay. Cette charte de Louis-le-Jeune, souscrite en 1138, fait mention d'une autre terre située à Villeneuve, et donnée par Josselin de Dammartin, à l'abbaye de Châlis. Une charte de 1140, au nom du Roi, assigne aux religieux de Châlis une rente de 40 sous à prendre sur le marché neuf de Paris, à la charge par eux de servir ladite rente à Guillaume de Mello et à ses héritiers comme dédommagement de la donation de Comelles. Par une troisième charte, datée de Senlis en 1146, ce même roi confirme la donation consentie par sa mère, la reine Adélaïde en faveur de Châlis, du lieu dit Carlepont et de la Chapelle-Sainte-Marguerite-des-Grez qui faisaient partie de sa dot. En 1172, Gui le Bouteiller abandonna à Châlis la part qu'il avait dans la terre de Long-Mont-en-la-Montagne. Une autre charte de 1180, nous apprend qu'il fit don également de tout ce qu'il possédait au bois du Tremblay, avec une partie de la forêt d'Espillois. A cette charte est appendu un sceau représentant ce seigneur en costume de guerre, le bouclier au bras et l'épée nue au poing, avec la légende : *Sigillum, Guidonis Pi[n]cerne* (échanson, bouteiller). Le cabinet des manuscrits de la Bibliothèque impériale possède en outre beaucoup de chartes et de copies collationnées de pièces relatives à Châlis et aux concessions qui lui furent faites. A l'une d'elles, écrite en 1205, se trouvait un sceau de Guillaume de Mello ou de Merlou (1), de la famille du fondateur de Châlis. Ce seigneur y était représenté à cheval, armé de toutes pièces, tenant un écu chargé de merlettes (armes parlantes) et d'un lambel de cinq pendants. *Sigillum Guillelmi de Marloto.* Un autre sceau de ce personnage, appendu à une charte de 1190, avait pour légende : *Sigillum Vilelmi de Melloto.* L'on voit que L et R

---

(1) Adrien de Valois nous a conservé ces deux formes du même nom. La Chenaye des Bois, page 74, dit : *Mello*, anciennement *Merlou* : d'or à deux faces de gueules, et un orle de neuf merlettes de même 4, 2 et 3. Il existe au cabinet des Estampes de la bibliothèque impériale une gravure de Niquet intitulée : *Vue du château de Mello vulgairement Merlou*. Israël Silvestre, sous sa gravure, écrit : *Vue du château de Marlou*.

étaient employés indifféremment à la fin du douzième siècle. Parmi les seigneurs qui, vers la même époque, contribuèrent à l'établissement du monastère de Châlis, nous ne mentionnerons que pour mémoire les noms de Richard de la Place, Pierre Le Page, Anselme de l'Ile, Drogon de Mello, Gillon de Versailles, Pierre et Renaud de Béthizy, Guy de Nanteuil, Jean de Tilly, Gautier d'Aunay, Renaud, Gaultier et Jean de Crèvecœur, Odon de Fontaine, Jean et Robert de Longpérier, Pierre de Versigny, etc., etc., car ils ne figurent que sur des pièces peu importantes, si ce n'est en faisant connaître l'origine de la plupart des biens que possédaient les religieux de Châlis. Leur second abbé, du nom d'Amaury, qui succéda à André de Baudement, mort le 18 novembre 1142, et rangé parmi les saints, devint évêque de Senlis, en 1161, et érigea dans le diocèse de Poitiers une abbaye appelée *Merci-Dieu*, et reconnue pour une *fille* de Châlis. L'abbé Amaury mourut en 1167; son mausolée existait à côté du grand autel dans l'intérieur de l'église de Châlis.

Trente-trois ans plus tard, un grand honneur était réservé à ce monastère; Guillaume du Donjon, dit Berruyer, de l'illustre maison des comtes de Nevers, en étant le supérieur, fut appelé à l'archevêché de Bourges, et cela d'une façon réellement providentielle. En effet, quoique l'abbé de Châlis eût réuni le plus grand nombre de suffrages, comme le clergé de Bourges ne pouvait s'accorder, une députation de ses membres fit venir Eudes de Sully, évêque de Paris, et frère de l'archevêque décédé. Ce prélat, trouvant que l'on proposait trois abbés de l'ordre de Citeaux également recommandables aux yeux des hommes par leur savoir et leur piété, au nombre desquels étaient notre Guillaume, fit écrire leur nom sur trois billets séparés, les mit sur l'autel où il devait célébrer l'office divin ; puis, arrivé à la fin de la messe, il pria Dieu de manifester sa sainte volonté et tira le premier billet qui s'offrit sous sa main... Ce fut celui où était écrit le nom de Guillaume. Cette mémorable journée doit être celle du 28 novembre 1200. Le vertueux abbé de Châlis, qui trouvait dans sa chère solitude de célestes jouissances pour les aspirations de son cœur, n'eut pas plutôt appris la nouvelle de son élévation, qu'il en fut pénétré de la plus vive douleur, et certes il n'eût jamais songé à quitter cette pieuse retraite sans le vœu d'obéissance qui ne lui permit pas de se soustraire à l'autorité réunie du pape et du supérieur-général de son ordre. Nous n'entreprendrons pas de tracer ici la vie de ce bienheureux, dont l'existence ne fut qu'une suite d'admirables exemples. Après sa mort, arrivée le 10 janvier 1209, il fut enterré dans la cathédrale de Bourges, et, l'année suivante, le pape Honoré III le mit au nombre des saints. Plus tard l'abbaye de Châlis obtint un os du bras de saint Guillaume, que l'on y conservait religieusement, ainsi que la tête de sainte Constance, qui avait été donnée par le roi saint Louis. La dédicace de l'église de Châlis, fondée dès 1202, fut faite par Guérin, évêque de Senlis, assisté des évêques de Chartres et de Toulouse, le 20 octobre 1219.

Il ne reste plus de ce bel édifice qu'une partie de la chapelle de gauche ; mais la hauteur des piliers et la pureté des lignes, comme la finesse des détails qui subsistent encore, donnent parfaitement l'idée de ce qu'il devait être au XIII° siècle et de son importance. Au-dessus de la portion de voûte, que l'on voit et admire toujours, s'élève une svelte tourelle démantelée, au sommet de laquelle on arrive après avoir franchi 138 marches. Le cabinet des Estampes de la bibliothèque impériale possède un ancien dessin à la plume intitulée : *Vue de l'abbaye de Chaalis dessignée du haut du bois de Perte*. Ce curieux croquis indique bien la situation du monastère placé au centre d'une forêt, sans qu'il soit possible d'en distinguer l'architecture.

Vers 1227, l'évêque Guérin, devenu chancelier de France, ce célèbre prélat-guerrier, qui avait eu l'honneur singulier, pour un prêtre, de ranger, à Bouvines, l'armée de son souverain en bataille, vint se retirer à Châlis, où il mourut peu de temps après. Avant la destruction de l'église abbatiale, son tombeau s'y voyait près de ceux de beaucoup d'autres évêques de Senlis (1). Voici l'épitaphe qu'on pouvait y lire, d'après le *Gallia Christiana* : *Hic Quiescit, cujus vita perpetuus labor, Guarinus, quem ad silvanectensem episcopatum sua in Deum religio, ad cancellariatum sua in Philippum Augustum fides evexit. Templum hoc anno 1219 dedicavit, abbatiæ de Victoria prima posuit fondamenta. Anno episcopatus 13. Christi. 1227 ad Deum obiit* (2).

En 1258, saint Louis confirma la fondation de *Chaalis* par une charte qui maintenait l'abbaye dans tous ses biens. Il paraît que le vertueux monarque affectionnait ce monastère d'une façon toute particulière, et l'honorait parfois de ses visites ; car nous trouvons, dans un manuscrit composé par un religieux franciscain qui avait connu le roi saint Louis, ayant vécu à sa cour, les passages suivants : « Plusieurs fois advint que le benoist Roys menja a l'abbeïe de Chaaliz en réfretoei (réfectoire) avec le couvent ; et estoit-il... par grant humilité en ses manières plus humblement selon ce que il apparut par dehors que les moines de Leenz, et dit l'en que, comme il eust une fois une escuelle de meilleure viande que les moines, que il envoya l'escuelle d'argent en laquelle il menjoit à un vieil moine, et dit, que l'escuelle de fust (bois) en laquelle li dit moine menjoit, li fust apportée, et l'en l'y apporta et il menja en celle escuelle de fust. » Et ailleurs :

---

(1) Nous devons à l'obligeance de M. Peigné-Delacour, l'investigateur érudit du Soissonnais, la communication de plusieurs calques qu'il a fait prendre sur un manuscrit de Gaignières à la bibliothèque d'Oxford, ces dessins représentent huit tombeaux qui se trouvaient dans le sanctuaire de l'église de Châlis, autour du chœur ; l'épitaphe de chaque personnage, écrite en lettres d'or sur des plaques en marbre noir, était placée au-dessus dans des cartouches.

(2) Ici repose celui dont la vie fut un perpétuel labeur, Guérin, que sa piété envers Dieu fit élever au siège épiscopal de Senlis et sa fidélité envers Philippe-Auguste à la dignité de chancelier. Il fit la dédicace de ce temple en l'an 1219, jeta les premiers fondements de l'abbaye de la Victoire et rendit son âme à Dieu la treizième année de son épiscopat, 1227 de Jésus-Christ.

« Et avoit li benoist Roys les saints homes en si grant révérence que il est une fois à Chaaliz en l'église qui est de l'ordre des Cistiaus, de la diocese de Senlis et oï (entendit) dire que les cerfs des moines qui leur mouroient estoient lavez en une pierre qui illec (là) estoit. Le benoist Roys bésa cette pierre et dit ainsi : Ha Diex ! Tant de saints hommes ont ici été lavez. » Une fois, dit encore notre Franciscain, « comme li benoist Roys fust en l'abbeïe de Chaaliz, il advint qu'un des frères dudit lieu mourust, et, comme il approchast à la mort et li couvent fust assemblé entour lui, qui estoit mis sur cendre et sur la haire, selon la coutume de l'ordre des Cistiaus, et li couvent chantast les litanies et l'autre service accoustumé ; li benoist Roys vint à cel même lieu et tant longuement, comme l'on fesoit le service de celui, il fust au chief de celui qui se mouroit à grant dévotion et par grant humilité, restant illec tandis comme on en disoit le service. Et quant li diz frère fust illlec mort, il alla à l'église après le frère mort que l'en i portoit, et fust illec en sa personne li benoist Roys au service qui fust fait en celle même heure entour le mort dessus dit, par moult grant dévotion et par moult grant humilité. » La naïveté de ce récit, qui prouve bien son exactitude, est à nos yeux un témoignage précieux de l'estime dont jouissait le monastère de Châlis au temps de saint Louis. Pierre II, abbé, et le couvent de Chaalis déclarent, dans un acte du mois de février 1261, avoir vendu à leur très cher seigneur Louis, roi des Français, une masure qu'ils avaient dans le château de Senlis, dans la censive de Jean dit de Sothemont, moyennant la somme de 60 livres parisis qu'ils reconnaissent avoir reçue comptant. Avant cette époque, la justice seigneuriale des Bouteiller de Senlis s'étendait jusqu'aux portes du couvent ; car, ce n'est qu'en 1266 qu'un membre de cette maison, nommé Raoul d'Ermenonville, consentit à traiter avec les religieux de son droit de justice. Cet acte de cession, aussi bien que tous ceux qui avaient été conclus depuis la charte du roi saint Louis, furent confirmés par lettres de Philippe-le-Hardi en 1273 et de Philippe de Valois en 1348. Un peu plus tard, le Roi Charles V, qui faisait aussi de fréquentes visites aux moines de Châlis, leur accorde, pour leur laisser une marque inaltérable de sa prédilection, le droit de prendre le titre de *gardes-gardiens* de l'abbaye de Châlis. Cette espèce de brevet d'honneur, adressé aux *gens des requêtes du Palais, à Paris*, est donné sous forme de lettres-patentes datées de 1378. Une autre charte de la même année, *avant Pâques*, souscrite au nom de Gaultier, abbé de Châlis, est relative à l'engagagement qu'il a pris, en assemblée générale, de dire une messe chaque mois, et de célébrer un service chaque année en l'honneur de la race royale, et aussi des trois fleurs de lys qui en sont l'emblême. Les archives de l'empire conservent l'original de cette charte, fort belle pièce très richement ornée d'arabesques et de lettres majuscules peintes et dorées. Il est probable que c'est à partir du règne de Charles V que le monastère de Châlis aura pris pour armoiries les fleurs de lis de France, comme étant de fondation royale, avec la lettre K au centre, pour brisure. Une troisième charte, à peu près de la même époque (1375), n'est qu'une ratification de la remise faite à l'abbaye de Châlis du droit de *vinage* sur des vignes sises à Nogent-les-Vierges, par dame Alexis de Saint-Venant, veuve de Guillaume de Nele, et Robert, Guillaume et Jéhanne ses enfants.

Le cartulaire de Châlis, rédigé en 1399, sous le règne de Charles VI, est un manuscrit in-8° très large de 392 folios en parchemin, divisé en autant de sections que l'abbaye possédait de terres. Au folio CXXVI se trouve mentionnée, sous le titre *de Fayaco*, la *grange* de Fay, acquise de Barthelemy de Fourqueux vers 1127 et donnée aux religieux de Châlis, un peu plus tard, par Louis-le-Gros. Le propriétaire actuel de cette belle ferme, M. des Varennes, a bien voulu nous communiquer les chartes relatives à Châlis qu'il a entre les mains; elles sont au nombre de quatre-vingt-huit et la plupart ont encore leurs sceaux, ce qui ne laisse aucun doute sur leur authenticité. Nous décrirons seulement les sceaux de Châlis. Le plus ancien est appendu à une très petite charte de 1174 contenant un échange entre Haimard de Faux et les moines de Châlis; il est de forme ogivale, en cire jaune, et représente un bras tenant une crosse † SIGILLVM ABBATIS KAROLI LOCI.

Le sceau de Laurent, abbé, se trouve à l'acte d'une donation faite au couvent de Châlis par Renaud de Grémevillers en octobre 1282. Ce sceau ogival en cire jaune représente un abbé debout, la tête nue, tenant de la main droite une crosse et un livre de la main gauche. † SIGILL' ABBIS (abbatis) KAROLI LOCI. Au contre scel orbiculaire est un bras mouvant du flanc dextre, tenant une crosse; devant, à gauche, une couronne à trois fleurons surmontée d'une fleur de lys : † CTRAS' (contra sigillum) KAROLI LOCI.

Deux sceaux, l'un de l'abbé, l'autre de l'abbaye de Châlis, sont appendus, ainsi que ceux de Pierre de Cuignières et de Jehanne de Néry, sa femme, à une charte de 1313 relative à la rente d'un muid de blé. Le premier est ogival, en cire verte, et représente un abbé, placé dans une niche gothique très richement ornée, tenant une crosse et un livre † S. FRIS (fratris)...... KAROLI LOCI. Le second, celui du couvent, est orbiculaire et en cire verte; il représente une double niche gothique occupée, à gauche, par une notre-dame et, à droite, par un évêque mitré.†.... BE]ATE MAR[IE KAROLI LOCI.

Le cartulaire de Châlis contient au folio XCI (Tituli privilegiorum regalium), 34 pièces qui sont autant de confirmations et de donations des rois Louis VI, Louis VII, Philippe II, Louis IX, Philippe III, Philippe IV et Philippe V. Au folio XCV (Privilegia pontificum romanorum) se trouvent les bulles des papes Innocent II, Eugène III, Alexandre III, Luce III, Célestin III, Grégoire IX, Innocent IV, Alexandre IV, Urbain IV, Clément IV, Grégoire X, Boniface VIII et Clément V, qui sont autant de concessions d'immunités et de confirmations de propriétés. L'abbé Afforti, qui nous a laissé de nombreux documents sur Senlis et les lieux circonvoisins, dit qu'il existait un autre cartulaire plus ancien que celui-ci et qu'il devait être du 12ᵉ siècle.

Durant la période qui précéda le règne de François Ier, nous ne trouvons aucun fait remarquable qui se soit passé au couvent de Châlis ; les moines y vivaient tranquillement, les uns dans la prière, les autres imitant le noble exemple des Bénédictins, et trouvant dans les travaux de l'intelligence un moyen de résister aux passions que le froc recouvre parfois sans les anéantir.... Philippe Séguin, prieur de Châlis qui vivait en 1589, parle, dans sa *Bibliothèque* (1), de Jean de Gallefontaine, vingt et unième abbé de notre monastère, comme ayant composé une page très docte dite : *De cœlitibus*, sur l'évangile selon saint Luc. *Missus est Angelus Gabriel*, etc. Le livre intitulé *Des trois Pélerinages*, imprimé à Paris en 1511, était l'œuvre de Guillaume de Guilleville, prieur de Châlis vers 1330, aussi bien que d'autres manuscrits qui contiennent des poésies remarquables ; la bibliothèque impériale possède un exemplaire de ce roman, manuscrit du XVe siècle, qui renferme la traduction française du *Pélerinage de l'âme*. Le frontispice, en couleur rehaussé d'or comme les autres vignettes, représente un moine à genoux, en robe verte, offrant son ouvrage à un prince assis sur un trône ; à droite et à gauche du tableau, se trouvent d'autres personnages, parmi lesquels est un cardinal. Au-dessous de cette peinture, dont toutes les figures sont fines et charmantes d'expression, on lit, écrit en deux lignes à l'encre rouge : *c'est le prologue du composeur en prose du pelerinage de l'âme en enfer, le livre di celui pélerinage fait en rime par Damp Guillaume, prieur de Chaalis*. Puis, suit la dédicace : *à très excellent et puissant prince et mon très redouté seigneur, Jehan fils et oncle de Roy, régent le royaume de France duc de Bedford, Jéhan Galloppes, dit la Galoys doyen de l'église colligial Monseigneur Saint-Loys de la Saussaye*, etc.

Christophe Balliste, religieux de Châlis, mort en 1528, a aussi composé plusieurs ouvrages remarquables, entr'autres une invective contre la goutte, un livre de la fondation de Châlis, des sermons, poésies, anagrammes, que l'on conservait à l'abbaye ; Antoine Charisis, prieur de Châlis, docteur en Sorbonne, publia, en 1567, un livre *de la dignité et de l'autorité des cardinaux* dédié au cardinal Louis d'Este.

Mais il ne faut pas oublier le premier de tous les écrivains de notre abbaye, ou du moins le plus ancien, Quentin Crase, sous-prieur d'André de Beaudement, philosophe et poète fort renommé, qui mourut en 1151. Charles de Visch donne même son épitaphe. Enfin, pour répondre au reproche d'ignorance souvent articulé à propos des moines en général, nous dirons que dans la liste des abbés de Châlis, on peut voir que la plupart étaient docteurs en théologie. Simon Postel l'un d'eux, reçut même du chapitre général de Citeaux la mission d'aller

---

(1) Cet ouvrage manuscrit fut donné par les moines de Châlis à un religieux du royaume de Navarre envoyé en France pour rechercher les antiquités de Citeaux. Charles de Visch, abbé de Dunes en Flandre, auquel ce manuscrit a été communiqué, en a tiré plusieurs morceaux pour en composer son recueil intitulé : *Bibliotheca scriptorum sacri ordinis Cisterciensis*. Duaci, anno MDCXLIX.

visiter, pour les réformer, les monastères que possédait l'ordre en Franche-Comté, en Angleterre et en Écosse. Ce chapitre, souverain juge de tous les couvents cisterciens, ordonna la démolition d'un château qu'avait fait construire, au milieu de la grande cour de Châlis, l'abbé Laurent de Rue, qui mourut en 1418. Avant d'aller plus loin, nous pensons qu'on lira peut-être avec intérêt la traduction d'une description latine que Jean de Montreuil, secrétaire du roi Charles VI, a faite de l'abbaye de Châlis à l'occasion d'un voyage qu'il y fit. Cette narration se trouve placée dans la quarantième de ses lettres choisies et est adressée à un évêque de ses amis. Elle justifie pleinement, ce nous semble, la réputation qu'avait Jean de Montreuil d'être un des beaux esprits de son temps.

« L'abbaye de Chaalis, dit-il, est une espèce de paradis terrestre habité par des saints. Elle est entourée de fontaines, de ruisseaux et de petits torrents dont l'eau, qui est très claire, coule avec un doux murmure pour subvenir aux besoins de la maison. On y voit dix grands étangs d'un très bon revenu, remplis d'un nombre infini de poissons d'un goût si exquis, que je ne crois pas en avoir mangé de pareils. Que dirai-je, ajoute-t-il, de ces belles forêts qui nourrissent une si grande quantité de sangliers, de cerfs, de lièvres et de lapins, qui sortent en foule de leurs terriers, et semblent, par leurs bondissements et par leurs sauts, vouloir s'élancer dans les mains de ceux qui se promènent le soir ou les poursuivre après qu'ils sont passés. Après avoir parlé des fossés et des murs de l'abbaye, il vient à la description de l'église, sans omettre le portique par où l'on passait avant que d'y arriver, auquel, dans son enthousiasme, il applique ces beaux vers d'Ovide :

Regia solis era sublimibus, etc.

« De ce portique, dit-il, on entre dans l'église, laquelle paraît avoir environ 300 pieds de longueur, avec une hauteur et une largeur proportionnées. Elle est soutenue de très belles colonnes, et si bien parée et éclairée, qu'elle efface toutes celles que je me souviens d'avoir vues. Ce qui en relève encore la beauté, c'est qu'elle est environnée de vingt-cinq chapelles, où l'on célèbre tous les jours beaucoup de messes avec une grande dévotion. » L'auteur n'oublie pas de parler des beaux appartements, qu'il appelle *hôtelleries* (*quæ hostellariæ dicuntur*), où l'on reçut toujours les étrangers. Il donne une grande idée de la maison de l'abbé, en disant que s'il en faisait la description, on s'imaginerait voir le palais de quelque prince du sang royal. Il loue ensuite une statue représentant la Sainte-Vierge, placée contre la chapelle abbatiale, et il ne fait pas difficulté de la comparer aux plus beaux ouvrages d'Apelles, de Lysippe et de Praxitèle. Il parle après cela d'une vigne voisine dont le vin, selon lui, était aussi bon que celui de Beaune et de Saint-Gengau ; puis de l'ensemble du pays. On voit au loin, dit-il, des collines, des vallées, des prés, des fleurs, des montagnes, non pas celles dont parle Boccace, effrayantes par leur hauteur, mais de ces montagnes médiocres, dont la pente douce et facile est bien exposée au soleil, dont la vue égaie l'esprit et les yeux, et qui offrent un air aussi pur qu'agréable. « Je ne crois pas, ajoute-t-il qu'il y ait dans notre hémisphère un lieu aussi propre à l'étude et à la réflexion, en sorte qu'on pourrait croire que les Muses ont fixé leur demeure dans un endroit que j'ai remarqué, et qu'elles y ont plusieurs fois tenu leurs divines assemblées, sous la conduite de celui qui dit : *Aonias deduxi vertice musas.* »

Ne voulant rien négliger, après avoir parlé du travail des religieux, il nous dit que les prunes de Châlis sont égales à celles de Damas ; puis il ajoute : « Si je ne disais la même chose du pain, du bœuf, du mouton, des pois, des fèves, des choux, et des autres légumes de Châlis, on aurait raison de m'accuser de taire la vérité. Il est agréable, continue-t-il, d'entendre raconter aux vieillards, combien de sortes de moulins à eau possédait l'abbaye, et surtout comment un moulin à blé, par certains ressorts, jetait à la fois trois sortes de farines différentes. Il y avait un moulin pour fouler les draps, un autre pour faire des boissons, lorsqu'il n'y avait pas de vin et que l'année avait été mauvaise ; un pour faire de la moutarde, un pour le tan, un pour faire de l'huile et un autre pour fendre du bois propre à bâtir. Ces mêmes religieux sont aussi curieux, poursuit-il, d'élever des abeilles, que Virgile a été attentif à prescrire des règles pour leur gouvernement ; se conformant aussi au conseil du même poète, qui ne veut pas qu'on méprise les chiens, parce qu'ils sont utiles, ils en ont de très beaux pour la chasse, et c'est un paisir pour ceux qui aiment cet exercice de les voir courir après le gibier et d'entendre le concert que forme leurs aboiements. » Parlant de la bibliothèque, il dit qu'en entrant il croyait voir les docteurs de l'Église, accompagnés de leurs ouvrages, inviter à la lecture ceux qui entraient et les engager à l'étude bon gré mal gré qu'ils en eussent, semblables, dit-il, à ces marchandes du Palais ou des charniers des Innocents, qui prennent les passants par les habits et par les bras, pour les forcer à entrer dans leur boutique et à voir leurs marchandises. Lorsqu'il en vient aux ornements sacerdotaux, il ne peut s'empêcher de s'exprimer poétiquement après Virgile :

Tyrio splendebat murice lana
Aurea purpuream subnectit fibula vestem.

« Il y a, dit-il encore, à Châlis un lieu qu'on appelle *le Trésor*, non pas comme celui dont parle Virgile :

Ignotum argenti pondus et auri,

mais qui renferme des ornements précieux et des vases sacrés dont je ne suis pas capable de décrire le travail et la beauté, puisque Carnéade et Pindare lui-même, ces génies si sublimes, pourraient à peine y suffire. » Pour achever l'éloge des religieux, Jean de Montreuil nous dit qu'ils chantent les louanges de Dieu à haute voix, tous les jours à sept différentes reprises ; et pour raison de ce nombre sept, il nous répète avec son poète favori :

Numero deus impare gaudet.

« Il est beau et édifiant, dit-il, de voir les religieux de ce monastère entrer au chapitre deux à deux comme des colombes, et là, tous à genoux, le corps prosterné et le visage contre terre, confesser leurs fautes les uns aux autres, et ensuite les yeux baissés et dans un silence profond, s'approcher de l'autel avec une dévotion telle que l'éloquence de Cicéron même ne pourrait assez dignement le représenter. » Un beau passage tiré de saint Jérôme, et que notre auteur applique aux religieux, dont il fait l'éloge, achève d'en donner une très haute idée. En terminant sa description des bâtiments, il parle du réfectoire, long de soixante-quatorze pas, qu'il croit mériter plutôt le nom de *irrefrigerium permaximum* que celui de *refectorium*. « Les mets ont beau être tout brûlants, dit-il, en sortant de la cuisine, on peut les manger aussitôt qu'ils sont posés sur la table. On pourrait douter si c'est pour la nourriture des oiseaux ou pour celle des moines que le Roi de France a fondé des revenus, car à l'heure du dîner le réfectoire est rempli d'une infinité d'oiseaux qui mangent familièrement avec les religieux. »

Laissant messire Jean de Montreuil s'abandonner aux réflexions que lui suggère la présence de ces oiseaux, et en particulier la familiarité d'un tout petit roitelet, nous reprenons notre histoire. Après la mort de Simon Postel, qui tint la crosse abbatiale pendant vingt ans, de 1522 à 1542, et dont les armes se voyaient aux vitres de la grande salle du collège des Bernardins de Paris, à savoir : un écusson d'or au chevron d'azur, accompagné en chef de deux vols de gueules et en pointe d'un pot de même; le concordat remettant au Roi la nomination des abbés aussi bien que celle des évêques, Châlis suivit en cela le sort commun des maisons conventuelles et devint ce qu'on appelait *un bénéfice*; il fut alors donné au cardinal de Ferrare, Hippolyte d'Este, fils d'Alphonse, duc de Ferrare, et de la trop célèbre Lucrèce Borgia, qui le premier prit le titre d'abbé commendataire. Un manuscrit provenant de Saint-Martin-des-Champs contient un procès-verbal, daté de 1563, duquel il résulte que ce nouvel abbé de Châlis ne donnait par an à ses moines que 3,792 livres 14 sous 6 deniers (1). Or, à cette époque, ils étaient au nombre de quarante-quatre, et avaient en outre à nourrir un précepteur, un barbier et neuf serviteurs. Louis d'Este, aussi appelé cardinal de Ferrare, succéda à son oncle d'abord dans le titre singulier de *protecteur des églises de France*, puis comme abbé de Pontigny et de Châlis, en 1572. C'est à ces fastueux princes de l'Eglise romaine que Châlis doit les nombreux embellissements dont les traces, qui subsistent encore, ajoutent une page si intéressante pour l'art à l'histoire de cette communauté, devenue alors une des plus importantes abbayes de France.

Quelques fresques à peine visibles aujourd'hui sur les parties conservées de la grande église donnent lieu de penser que tout l'édifice,

---

(1) Dans le procès-verbal de 1563 le muid de blé, mesure de Paris, est estimé 33 livres, et le muid de vin 5 livres tournois.

à l'intérieur, était orné de la même façon, c'est-à-dire dans le style italien le plus pur ; mais, c'est surtout en examinant la chapelle détachée du reste du bâtiment, nommée la chapelle abbatiale ou du prieuré, que l'on peut admirer de belles peintures décoratives qu'il est impossible de ne pas attribuer à l'école italienne. Là, deux genres bien tranchés se font remarquer ; celui de la construction et celui de l'ornementation intérieure ; l'un que l'on doit en grande partie à la générosité des bienfaiteurs de l'abbaye et datant des premiers siècles de son existence ; l'autre, élégant et recherché comme tout ce que nous a légué l'époque de la renaissance. Ce petit édifice présente son pignon au couchant ; les chapitaux des colonnettes de la porte d'entrée sont d'une conservation remarquable et délicatement sculptés. Au centre de l'imposte est un buste de Saint Pierre repentant, tenant au bras gauche les clefs du Paradis. La rose placée au-dessus a sans doute été bouchée au moment où les fresques ont été peintes ; le dessin en est très fin. A l'intérieur, en face, on voit un autel en bois sculpté qui date seulement du milieu du dix-septième siècle : le tableau représente la Madeleine aux pieds du Christ ; mais nous n'en parlons qu'en passant, la peinture murale méritant seule un véritable intérêt. C'est à cet autel que se célèbre encore aujourd'hui l'office divin.

La voûte entière a trois travées ; celle du fond, formant rotonde, est divisée en sept compartiments réunis par un cul-de-lampe au centre. Sur les deux portions du devant, l'habile artiste auquel on doit ces belles fresques, attribuées à tort au Dominiquin, a représenté saint André et saint Pierre, et sur les cinq autres parties, les délicieuses images de beaux anges portant les instruments de la passion. Les deux autres travées, d'égale grandeur, sont subdivisées chacune en huit sections. Au-dessus de l'autel se trouvent les quatre évangélistes ; puis du côté de la porte, les pères de l'église, et dans les caissons rapprochés des fenêtres, à droite et à gauche, les saints apôtres. Toutes ces figures en pied nous ont paru parfaitement rendues et très belles de coloris, malgré les trois siècles qui séparent leur exécution du temps actuel. Des branches chargées de limons et d'oranges garnissent les pointes de ces voussures en arc. La partie placée au-dessus de la porte est occupée par un tableau qui tient tout ce côté de la chapelle ; malheureusement, les dégradations de la muraille le rendent à peu près incompréhensible. En haut de cette grande composition est le Père éternel, entouré d'une légion d'archanges tenant des couronnes et planant au milieu d'un temple orné de nombreuses colonnes. Sur le devant du tableau à droite est un ange debout qui semble venir annoncer la volonté du Très-Haut. A gauche, au bas du tableau, des plis de draperie et la position d'un pied trop grand pour être celui d'une femme pourraient faire supposer qu'il y avait là un pieux cénobite en prière, auquel un ange venait apparaître.... ce qui nous porte à conjecturer que cette fresque, hélas ! presque entièrement effacée, représentait peut-être saint Guillaume agenouillé dans l'église de Châlis, et recevant, au milieu de sa paisible retraite, la nouvelle de son élévation à la dignité d'archevêque. Rien, au surplus, ne serait plus naturel, on en conviendra. Au centre de la frise du haut sont peintes les armes de la maison d'Este, écartelées au premier et quatrième d'azur à trois fleurs de lis ; au deuxième et troisième d'azur à une aigle éployée ; l'écu surmonté du chapeau de cardinal, tel qu'il a été aussi sculpté sur le fronton de la porte du mur crénelé qui sépare l'enceinte du château des jardins potagers. Ces armoiries nous paraissent placées là comme un sceau qui ne peut laisser aucun doute sur le nom des prélats sous l'administration desquels Châlis reprit une nouvelle splendeur. Tandis que le cardinal Louis d'Este, deux fois Légat en France sous le Pape Grégoire XIII, tenait d'une façon si brillante la crosse abbatiale, Châlis reçut une visite qui à elle seule suffirait pour donner un intérêt véritable aux ruines dont nous essayons de tracer ici l'histoire ; le prince des poètes, le célèbre Torquato Tasso, y vint en effet, et l' beauté pittoresque du lieu l'y retenant plus encore, sans doute, que les sentiments d'affection qui le liaient au cardinal d'Este, c'est là qu'il mit la dernière main à sa *Jérusalem délivrée*, là que la tête brûlante de l'amant de la belle Léonora d'Este enfanta ces pages enivrantes où l'énergique passion donne à tout ce livre une couleur chevaleresque qui en fait une admirable épopée.

L'Italie revendique à juste titre l'honneur incontestable d'avoir donné le jour au digne émule d'Homère ; mais la France peut être au moins aussi fière, ce nous semble, de lui avoir fourni son héros. Avant de se nommer *Gerusalemme liberata*, le livre du Tasse s'appelait *Il Goffredo*, Godefroy ! Ce Godefroy de Bouillon, le premier souverain de la Jérusalem conquise ne semble-t-il pas le type créé tout exprès pour inspirer un poète tel que Torquato ? Celui-ci aurait-il pu trouver, en effet, une personnification plus parfaite de cette trinité si nécessaire aux princes de la terre : le jugement, le courage et la force ; la tête, le cœur et le bras ?

Pour traiter un pareil sujet, nul endroit ne nous paraît plus propice que Châlis avec ses grands arbres et son âpre nature ; parfois nous aimons, en parcourant les lieux qui l'entourent, à nous reporter au temps où Torquato, lui aussi, mais l'auréole du génie au front, foulait peut-être les mêmes sentiers, respirait le même parfum des bois que nous... Alors, nous comprenons l'enivrement de son imagination, ses rêves de gloire... Puis le moindre bruit nous fait tressaillir, et tout songe s'enfuit.

Aux cardinaux de la maison d'Este succédèrent d'autres abbés d'illustre naissance, parmi lesquels nous remarquons deux princes de la maison de Lorraine et le comte de Clermont, de la branche de Bourbon-Condé. Le dernier abbé de Châlis, M. de Boisgelin, en même temps archevêque d'Aix, venait de faire à peu près terminer le château actuel, autrement dit la manse abbatiale, lorsque l'exécution des vastes projets conçus par ses prédécesseurs fut arrêtée par les évènements de 1789. Il ne s'agissait de rien moins que de reconstruire en entier l'abbaye, ce que le czar Pierre-le-Grand ne put s'empêcher de déplorer en manifestant sa surprise, lorsqu'il vint visiter Châlis et qu'on lui dit que tous les bâtiments dont il remarquait l'élégance et la parfaite conservation devaient être abattus, car déjà les ordres de destruction étaient donnés. Les pièces les plus admirées de ce vieil édifice étaient alors : le dortoir, la chapelle de l'infirmerie, le cloître, le chapitre et cet immense réfectoire dont nous a parlé Jean de Montreuil avec l'autorité d'un gastronome pour lequel *un dîner refroidi ne valut jamais rien.* Quant à la grande église, bien des cathédrales, à ce qu'il paraît, eussent pu envier ses dimensions et la délicatesse de son architecture. Les belles boiseries de chêne qui en revêtaient l'intérieur ont été rachetées par la fabrique de Baron et placées dans l'élégante église de ce village si pittoresque ; il faudrait aller à Anvers pour trouver d'aussi charmantes sculptures sur bois. Celles-ci sont de l'époque du règne de Louis XV.

Voici la description d'une partie des peintures qui s'y trouvaient à l'intérieur. Gaignières l'avait recueillie en 1709 ; elle existe encore maintenant au cabinet des manuscrits de la Bibliothèque Impériale. Nous la copions textuellement :

« Sur la muraille fermant une chapelle dans l'aile droite de l'église de Chaalis, entre le 6° et le 9° pilier, en commençant par le grand autel est une croix au-dessous de laquelle est cette inscription : *Redemptoris mundi arma.*

« *Au costé droit d'icelle sont les armes de France, avec cette inscription au-dessous : De cœlo collapsa sunt francorum lilia regni* (1).

« *Au costé gauche sont encore les armes de France, et au milieu des fleurs de lis est un K couronné qui sont les armes de Chaalis, et au-dessous des fleurs de lis est cette inscription : Quæ genuerunt in Karoliloco filios pernobiles* (2).

» *Au-dessous du premier écusson, à droite, est cette inscription :*

« Anno Domini M°C°XXXVj° fundatum fuit hoc monasterium ab illustrissimo et christia^mo francorum rège Ludovico grosso cujus anima suique filii Ludovici, Philippi magnanimi et Karoli Quinti requiescat in pace. Amen. (3)

« *Au-dessous du deuxième écusson, à gauche, est cette inscription :*

« Anno Dñi M°CC°XIX, die XX^t mensis octobris, consecrata fuit hæc ecclesia a revendis in Chto patribus Dño Guarino Epo silvanectensi, et dño Galtero Carnotensi et Fulcone Tholosano epis in honore btissimæ Mariæ et oium sanctorum (4).

« *Au-dessous est un grand Tableau représentant l'histoire de la fondation de Chaalis en peintures et en vers et en deux colonnes avec des inscriptions au-dessus des figures et les vers au-dessous.* »

---

(1) Les lys du royaume des Français sont descendus du ciel.
(2) Ce sont les lys qui engendrèrent à Châlis de nobles enfants.
(3) L'an du Seigneur 1136, ce monastère a été fondé par le très illustre et très chrétien roi des Français Louis le Gros, que son âme repose en paix ainsi que celles de son fils Louis, de Philippe-Auguste et de Charles V. Ainsi soit-il.
(4) L'an du Seigneur 1219, le vingtième jour du mois d'octobre, cette église fut consacrée sous le vocable de la bienheureuse Vierge Marie et de tous les Saints par les révérends pères en Jésus-Christ les Seigneurs Guérin, évêque de Senlis, Gaultier, évêque de Chartres, et Foulques, évêque de Toulouse.

Avant de commencer la description de ce tableau, nous pensons avec un *touriste* qui venait de visiter Châlis en 1736, que les bons religieux du lieu s'en exagéraient beaucoup l'antiquité en la faisant remonter à l'origine de leur monastère ; les vers, d'ailleurs, étaient, nous dit-on, écrits en gothique très serrée, ce qui le placerait, aussi bien que leur tournure et l'emploi de certains mots, vers le milieu du seizième siècle, à ce qu'il nous semble. Il est bien à regretter qu'un hasard heureux ne nous ait pas conservé ce précieux document historique.

Première colonne commençant par cette inscription :

Fondation de l'abbaye de Chaalis.

En ce tableau fait par vers et dicté
Peut-on sçavoir la seure vérité
De qui, par qui fut fondé ce couvent
Ung Roy françois esmeut par équité
A ce que fust un sien frère acquitté
De ses péchiez le fist en son vivant
Et qui lira tout l'escrit en suivant
Pourra trouver comment il fut fondé
Et que Loys Débonnaire (5) régnant
De tout son cœur leust pour recommandé

Une Vierge tenant l'enfant Jésus et au-dessous le Roy à genoux, avec cette inscription :

LE ROY LOYS LE GROS

Vierge excellente, Reyne supellative,
D'umain salut vierge procurative
En qui Dieu fis son doulx enfant descendre
Dame qui a sur tous prérogative
Des cueurs dolans mère consolative
Te plaise en gré mon oblacion prendre
Pour nuit et jour, à toi servir entendre
Veul cy fonder humbles religieux
Priant celuy qui voult en croix estandre
Que de Charles mon frere doulx et tendre
Reçoive l'ame au saint throsne des chieux (6)

Une Vierge tenant l'enfant Jésus et le Roy à genoux au-dessous.

Loys, Loys mon serviteur léal
Ton bon vouloir est à mon fils féal

---

(5) Un auteur anonyme du dix-huitième siècle a cru voir un anachronisme dans l'épithète de *Débonnaire* donnée ici à Louis le Gros, mais nous pensons que Débonnaire est là comme traduction du mot *pius* placé souvent après *Ludovicus* dans les chartes de Louis-le-Gros, sans que le poète de Châlis ait jamais eu l'intention d'attribuer la fondation de son couvent au fils de Charlemagne.

(6) A ce mot, comme à plusieurs autres de cette pièce rimée, il est facile de reconnaître qu'elle a été écrite dans le dialecte picard.

Et est à moy chose moult agréable
L'ame ton frère au haut throsne royal
Lequel oncques ne me fut desléal
Sera logée en joie perdurable
Des infernaux et dampnables palus
Préservera cette abbaye notable
Toy et les tiens par oraisons loables
Enfin mettra au nombre des eslus.

Le Roy et trois officiers avec cette inscription :

Ici parle le roy Loys le gros à ses chevaliers et messagiers pour envoyer à Pontigny l'abbaye.

Mes barons et mes chevaliers
A vous mes serets je desqueuvres
Soyez moy léaulx conseillers
Personne vérité ne ceuvre
J'ai entrepris de faire ung euvre
Et fonder un dévot couvent
Afin que Dieu paradis œuvre
A Charles que je plains souvent
Vous savez que par cy devant
J'ai fait édifier l'église
Sy faut envoyer pour sieuvant
A Pontigny par bonne guise
Querir société requise
Et religieux bien devous.
Pour servir a Dieu sans feintise
Allez y a coup l'ung de vous

Un abbé tenant la crosse de la main droite, deux officiers a pié laprochent en le saluant ayant des esperons dorés aux pieds et des hommes à cheval derrière avec cette inscription :

Ici sont les messagiers du Roy, qui parlent a l'abbé de Pontigny :

Révérend abbé Dieu vous gard
Et vostre couvent et vos freres
Le Roy vous transmet cette part
Soy commandant à nos prières
Vérité est que puis n'agaires
Il fait fonder un monastere
Ne reste plus que des confreres
Pour faire le divin mystere
Charles un sien très amé frère
Est puis peu de temps trespassé
Pour son ame oster de misere
A ce dit moustier compassé
Et affin qu'il soit effacé
Du piteulx livre des dampnés
Et que requiescat in pace
Des moynes il faut que luy donniez

Autre inscription avec les vers suivants pour les mêmes figures cy-dessus :

Icy dernier respond l'abbé de Pontigny aux messagiers du Roy.

    Dieu le Roy en ces cieux couronne
    Et son frère semblablement
    C'est bien raison que je luy donne
    Ce qu'il veult agréablement
    Croyez que véritablement
    Aura dévote compagnie
    Pour prier Dieu dévotement
    En la digne nouvelle abbaïe

Un abbé tenant sa crosse de la main gauche avec cette inscription. :

Ici seront André et Chrestien devant leur abbé.

    André c'est droit qu'on obeye
    Au Roy et qu'on lui porte honneur
    Nayez ja pensée ébahie
    Abé serez et le recteur
    Dom Chrestien sera prieur
    Onze de vos freres acrés
    Priez pour Charles de bon cœur
    Toujours le mieux que vous sçaurés.

SECONDE COLONNE.

Un abbé tenant la crosse de la main droite et deux religieux devant luy avec cette inscription :

Icy parle André à son abbé.

    Mon père abbé je vous mercy
    Digne ne suis pas de telle charge
    Mais puisque l'ordonnez ainsy
    Il est raison que je m'en charge
    Sous obédience et sous verge
    De vous soubmets moy et les miens

Le Roy revêtu de son manteau royal mettant la couronne sur la tête de son fils qui est à genoux avec cette inscription :

Le Roy Loys le Gros couronne son fils Loys le Débonnaire et luy dit :

    Mon fils Loys je vous couronne
    Et du royaume vous saisis
    En vous mettant cette couronne
    De laquelle me désaisis
    Mon aisné fils je vous choisis
    Vous veuil voir Roy en ma vie
    Sur tous plaisirs et courtoisies
    Vous recommans mon abbaye.

Mon très chier et honoré pere
Assez l'ay pour recommandée
Tant que mon royaulme prospere
Sera d'oppression gardée
Pour mieux estre contregardée
Amortis tous leurs revenus
De quoi elle a esté fondée
Et ceux qui depuis sont venus.

Le Roy parlant à un officier tous deux debout avec cette inscription :

Icy Loys le Gros se recommande au Boutillier.

Boutillier vous sçavez assés
Que pour les louanges de celle
Par qui nos maulx sont effacés
J'ay fait cette abbaye nouvelle
Entre vos domaines est elle
Dunc devez être bien joyeux
Au nom de la haute pucelle
Soutenés la de bien en mieux.

Le Roy et le Boutillier tous deux debout avec cette inscription :

Le Boutillier respond :

Sire, croyés certainement
Par moy sera entretenue
Et tant que j'aurai sentiment
Dieu doit elle estre soutenue
Quand c'est pour entretenir si grand dame
De qui joye nous est venue
Et pour sauver de Charles l'ame

Le Roy et la Royne avec cette inscription :

Le Roy parle à la Royne.

Ma chère amie espouse Alis
J'ai fait un dévot monastere
Si vueil qu'il soit nommé Châlis
Pour l'honneur de Charles mon frere
Le requeront d'umble prieres
Les moynes la vierge Marie
A ce que Dieu son fils requiere
Que son âme ne soit perie
Mon espoul et léal Seigneur
Le moustier m'est très agréable
Service ne pouvez grigneur (1)

---

(1) *Grigneur, grégnor, graindir,* etc., formes différentes du même mot dérivé de *grandior* et signifiant *plus grand* dans le sens moral. Exemple :

Qu'il n'est nul *greignor* Paradis
Qu'avoir amie à son devis
(Roman de la Rose, vers 1507.)

Faire à Dieu ne plus acceptable
Pour oster du pouvoir du diable
Charles vostre frere germain
Sera l'église proufitable
Plus que tout aultre fait humain

Une vierge élevée tenant l'enfant Jesus, un abbé à genoux tenant sa crosse des deux mains, sa mitre en bas devant lui et des religieux drarière.

Dame qui etes comparée
Par bon droit à la fleur de lis
Nous vous prions vierge honorée
Gardez votre lieu de Chaalis. »

Un acte passé le 9 août 1735, en présence de sieur Philibert Bonnet, peintre de l'académie royale et de sieur Pierre Mangin, organiste demeurant à Châlis, à propos des dismes de Néry, nous donne le nom des moines qui composaient à cette époque le chapitre de l'abbaye : Dom Gabriel Grillot, docteur en Sorbonne, prieur ; Dom Claude Sanguin, ancien ; Dom Guillaume Masse, Dom Richard de Vaux, maître des bois; Dom Jean Fourneaux, cellerier ; Dom Louis Bourotte, sacristain ; Dom André Cabueil ; Frère Victor Berger, Frère Jean de Sanctigny, Frère Gabriel du Saussay, Frère Jean-Baptiste Marie, Frère Marc-Antoine Riard, tous religieux profès.

Vers la fin du dix-huitième siècle, faisant partie des trente Maisons placées sous la direction de l'abbé de Pontigny, Châlis eut beaucoup à souffrir de sa dépendance par suite de la déplorable administration de Dom Chanlatte, avant-dernier titulaire de cette célèbre abbaye. Il fallut, en effet, que les désordres de son gouvernement fussent bien grands, puisqu'au mois de septembre 1766, un jugement en forme le contraignit à abandonner toute espèce de recettes à un agent désigné parmi ses confrères. Un arrêt du conseil du Roi, rendu le 6 juillet 1766, mettait bien les revenus de notre abbaye sous sa main pendant 25 ans, c'est-à-dire aux Économats ; mais, pour arriver à combler le déficit, les meubles et la vaisselle de Châlis n'en furent pas moins vendus et, malgré les six cent mille livres que Dom Chanlatte avait tiré des prieurs de tous les couvents de la filiation de Pontigny, on emprunta encore trois cent mille livres, ce qui imposa l'obligation d'engager les coupes de bois et les fermages de Crécy. En retraçant une si triste situation, « la plume tombe des mains, ajoute le savant et spirituel auteur de l'histoire de l'abbaye de Pontigny (1) ;

Il n'y a pas de Paradis *préférable*
A avoir amie à son choix (goût).
Grant :ens est d'amis faire, et *greigneur* du garder
(Testament Jean de Meung, vers 817.)
C'est avoir un grand esprit de savoir faire des amis, c'en est un *plus grand* de savoir les conserver.

(1) M. le baron Chaillou des Barres.

mais, en tombant, il faut qu'elle dise qu'en moins de vingt-quatre ans Dom Chanlatte dépensa personnellement au-delà de deux millions deux cent mille francs. C'est à se demander si cet abbé n'avait pas été gratifié d'une révélation qui lui annonçait les décrets de l'Assemblée constituante confisquant au profit de la nation les biens du clergé. »

Le revenu de l'abbaye de Châlis, coté 50,000 livres sur la feuille des bénéfices et taxé 266 florins en cour de Rome, au commencement du siècle dernier, était en réalité bien supérieur à ce chiffre officiel, et pouvait être évalué plus de cent dix mille livres ; ce qui n'empêcha pas que frères et abbés ne dussent soixante mille livres au moment de la suppression des couvents; cela exceptionnellement à la vérité, et en raison des prodigalités dont nous venons de parler, car, en 1789, les moines de Châlis étaient réduits au nombre de trois, et le produit de leurs biens n'avait pu que s'accroître... les gens du pays le portaient alors à 160,000 livres.

L'on comprend aisément qu'une semblable position ait été habilement exploitée auprès des masses populaires qui ne pouvaient connaître les embarras financiers des monastères, et en auraient été d'ailleurs fort peu touchées sans doute, ne voyant là qu'un contraste choquant entre un très petit nombre d'hommes et une si grande fortune. Répété sur presque tous les points de la France, où beaucoup d'abbayes, il faut bien le dire, n'avaient plus d'importance que par leurs possessions, cet état de choses devait faire naître des idées de réforme parmi les esprits sérieux de la nation, à la tête desquels se trouvait de toute façon l'excellent roi Louis XVI. Aussi, dans son désir de conjurer l'orage qu'il voyait si menaçant, crut-il devoir faire un appel aux détenteurs des biens de main-morte; mais, hélas! la voix de ce véritable père de tout un peuple égaré ne fut pas entendue; ceux-là même qui avaient le plus à redouter les fureurs de la tempête ne firent rien pour prévenir ses ravages; de sorte qu'au lieu d'aider à attendre, comme le voulait le Roi, que la marche du temps vînt infailliblement changer la face des choses, le petit nombre, voulant tout retenir, ne sentit la faiblesse de ses digues que lorqu'elles furent brisées; alors il était trop tard... et notre pauvre patrie eut à supporter la fatale secousse qui enfanta tant de crimes sous le nom de révolution.

Le domaine de Châlis, vendu comme bien national, appartint longtemps à la famille Paris, dont le nom rappelle d'agréables souvenirs aux habitants de la contrée ; il fut ensuite acheté par M. le comte de la Briffe pour devenir enfin la propriété de M. le baron de Vatry. Avant de terminer cette petite notice, nous ne pouvons résister au désir de complimenter madame la baronne de Vatry sur le bon goût qui a présidé à tous les travaux exécutés depuis peu à Châlis ; entre ses mains, ce domaine prend réellement tous les jours un aspect plus séduisant en rappelant, par son confort et sa situation, les belles résidences de l'aristocratique Angleterre.

ABBÉS DE CHAALIS.

1 — 1136, André de Baudement.
2 — 1142, Amaury.
3 — 1156, Didier.
4 — 1160, Humbert.
5 — 1174, Enguerrand.
6 — 1182, Pierre I.
7 — 1187, Saint-Guillaume.
8 — 1202, Adam.
9 — 1218, Odon.
10 — 1225, Jean de Caen.
11 — 1226, Milon.
12 — 1239, Jean de Arbona.
13 — 1258, Pierre II.
14 — 1270, Jean III.
15 — 1273, Jean IV de Senlis.
16 — 1283, Laurent de Marcelles.
17 — 1290, Daniel de Plailly.
18 — 1296, Regnault de Roquemont.
19 — 1317, Jacques de Thermes.
20 — 1326, Jean V Picard.
21 — mort 1337, Jean VI de Gallefontaine.
22 — mort 1359, Enguerrand II de Gournay.
23 — 1343, Laurent II de Marcelles.
24 — 1372, Jean VII de Gallefontaine.
25 — 1373, Gautier le Conte.
26 — 1391, Jean VIII de Boisadeline.
27 — 1412, Laurent III de Rue.
28 — 1421, Paris de Baune.
29 — 1438, Alain de Sorelle.
30 — 1455, Jean IX de Senlis.
31 — 1458, Guy d'Ève.
32 — 1471, Pierre de Virey.
33 — 1483, Jean X le Fel.
34 — 1511, Robert de la Tourotte.
35 — 1523, Simon Postel.
36 — 1554, Hippolyte d'Este.
37 — 1572, Louis d'Este.
38 — 1586, Julien de Saint-Germain.
39 — 1594, Achille de Harlay.
40 — 1601, Abel de Montliard.
41 — 1601, Louis de Lorraine.
42 — 1630, Charles-Louis de Lorraine.
43 — 1658, Jean XI d'Estrades.
44 — 1670, Jules Paul de Lyonne.
45 — 1721, Louis de Bourbon Condé comte de Clermont.
46 — 1779, Jean XII de Boisjelin de Cucé.

Le plan que l'on trouvera ici, indiquant d'une manière précise la position qu'occupaient les bâtiments du monastère de Châlis, est la réduction d'un dessin original que le hasard a fait tomber entre nos mains. Il doit avoir été dressé quelques années seulement avant la révolution française.

A   Église.
A bis   Portail de l'Église.
B   Ancien dortoir.
C   Préau.
D   Bâtiment neuf.
E   Pépinière.
F   Bâtiment des hôtes.
G   Chapelle abbatiale ou du Prieuré.
H   Jardin de M. l'Abbé.
I   Basse-cour, Abreuvoir.
J   Grille de la pêcherie.
K   Cour claustrale.
L   Moulin.
M   Colombier.
N   Jardins, jardin du Tailleur, jardin St Alexandre.
O   Canal.
P   Jardins du père Caffé.
Q   Jardin de M. Caffé fils.
R   Jardins de M. Lamare.
S   Ferme.
T   Ruisseau.
U   Écuries et Remises.
V   Pavillons.
X   Auberge et com.
Y   Grande grille.
Z   Grange.

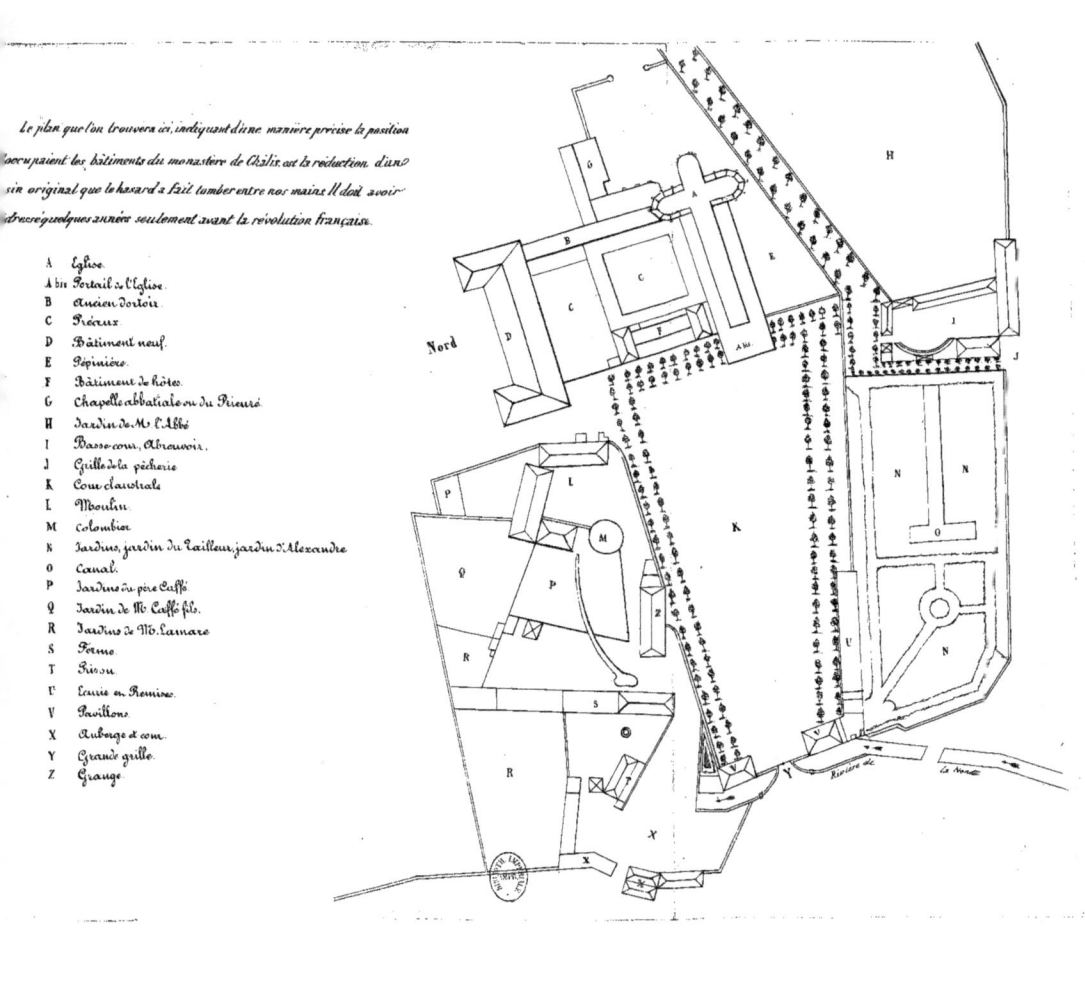

www.ingramcontent.com/pod-product-compliance
Lightning Source LLC
Chambersburg PA
CBHW060909050426
42453CB00010B/1626